Made in the USA
Coppell, TX
16 December 2022

89514052R00069